PROJET

SUR LES

SUBSISTANCES,

A LA CONVENTION

NATIONALE.

Enfin je l'ai trouvé, ce moyen tant cherché,
Qui va rendre bientôt le grain à bon marché;
S'il en est parmi vous qui n'en veulent rien croire,
Qu'ils voyent au moins avant de juger ce Mémoire,
Et si leur intérêt rejette mon projet,
Je réponds que leur cœur en approuve l'objet.

A NANCY,

Chez la Veuve BACHOT, Imprimeur, rue de la Constitution.

1793.

Si vous voulez agir en vrais Républicains,
Fixez l'impôt du riche à proportion des grains;
C'est en égalisant cette sage balance,
Que vous y trouverez le bonheur de la France.

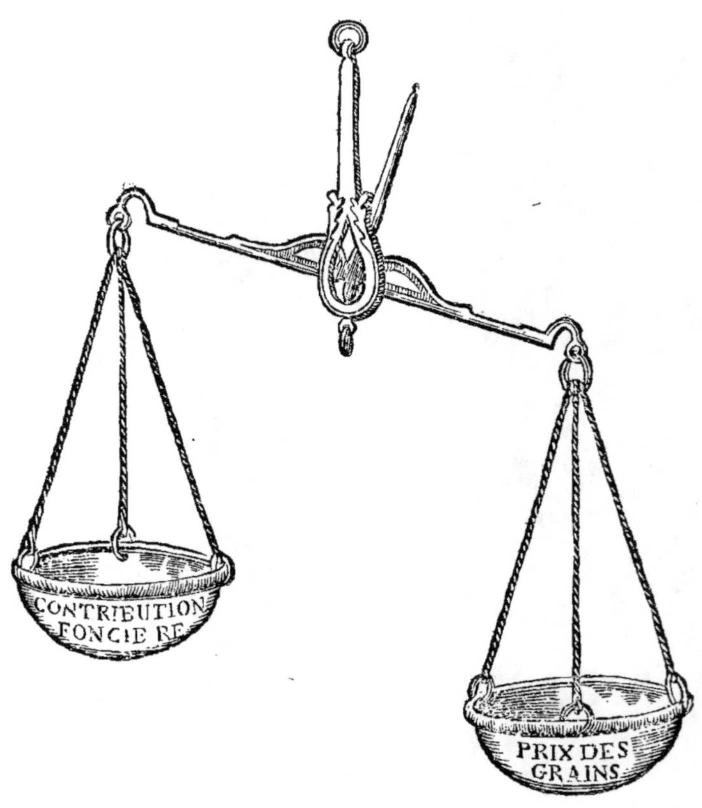

PROJET

SUR LES

SUBSISTANCES,

Dont l'exécution, très-facile, ne coûteroit pas un sou , et qui produiroit trois grands avantages , sans gêner aucunement le commerce et la circulation des grains.

Le premier, la diminution du prix des grains.

Le deuxieme, le rétablissement de la paix et l'abondance.

Le troisieme, une augmentation de plus de cent millions de revenu, au bénéfice du trésor public, sur le produit de la contribution fonciere.

Pour éviter la confusion , et mettre plus d'ordre dans ce Mémoire, je le diviserai en cinq articles.

Au premier je parlerai de l'utilité du commerce et la circulation des grains.

Au deuxieme je ferai voir la nécessité de proportionner la contribution fonciere, des grandes propriétés , au prix des grains.

Au troisieme je détaillerai les avantages que la société et le trésor public y trouveront.

Au quatrieme je prouverai que ce changement ne nuira point à l'agriculture.

Au cinquieme je donnerai les moyens d'exécution qui sont très-faciles.

CITOYENS REPRÉSENTANS,

Vous qui soutenez les droits et la liberté des peuples avec tant de courage et de fermeté , vous à qui l'univers entier portera, dans tous les siecles, l'hommage de sa reconnoissance, vous, enfin, qui avez déjà tant fait pour le bonheur de ma patrie, permettez que je prête un foible organe à la voix publique pour vous offrir le tribut de mes recherches sur un abus qui ne vous afflige pas moins que moi, puisque vous avez bien voulu inviter tous les citoyens à vous envoyer les moyens qu'ils croiront les plus propres à le détruire.

Encouragé par votre invitation, autant que par le desir de soulager mes concitoyens de tous les maux que la disette et la cherté des grains leur font éprouver ; j'ai cherché s'il ne seroit pas possible de combiner l'impôt foncier de maniere qu'il puisse servir de barriere à l'augmentation du prix des grains.

Ensuite ayant considéré les trois intérêts que nous avions à ménager, et concilier ensemble sur cet objet ; celui du propriétaire, qui croit qu'il ne vend jamais assez, celui du public, qui pense qu'il paye toujours trop, et celui de l'état, qui est de maintenir une sage proportion entre les deux premiers pour que l'un n'écrase pas l'autre ; pour les mettre d'accord, que l'état qui est le pere du riche comme celui du pauvre prenne donc la balance en main, et qu'il mette dans l'une le prix des grains, et dans l'autre la contribution fonciere, et comme il faut qu'elle soit droite pour rendre justice à tous, il ne peut se dispenser de charger celle de la contribution à proportion que celle du prix des grains augmente, parce que la dépense monte également sur les subsistances des troupes, et comme c'est lui seul qui est obligé de fournir des secours au peuple quand le prix des grains le fait souffrir, il est juste qu'il se prépare des moyens pour cela, par une augmentation sur la contribution.

Voila le point où j'ai fixé tous mes regards, et je crois pouvoir vous assurer que mes recherches n'ont pas été inutiles, puisque je suis parvenu à trouver la juste proportion qu'il faut établir entre la contribution fonciere et le prix des grains, pour empécher, sans nuire au commerce ni à l'agriculture, la cupidité des grands propriétaires, d'en exciter l'augmentation par des manœuvres qui ne favorisent que leurs intérêts au détriment de ceux de la société

(5)

et du trésor public, qui loin d'y gagner, comme on le prétend, en est au contraire la victime par les dépenses ruineuses que cela lui occasionne.

En effet, l'intérêt personnel étant le premier moteur du cœur de l'homme, j'ai dit qu'il n'y avoit que cet ennemi du bien public qui étoit la cause de tous les maux que nous éprouvons, et que si je pouvois parvenir à le brider et le contenir par quelque moyen, que c'étoit le seul qui rétabliroit la paix et l'abondance.

En conséquence j'ai pensé que si la Convention nationale, qui a, sans contredit, le droit de fixer et charger l'impôt à sa volonté, rendoit un décret par lequel elle proportionneroit la contribution fonciere, des propriétés au-dessus de dix arpens, au prix des grains, et que le trésor public profitât seul de toute l'augmentation, que c'étoit le meilleur moyen qu'on puisse jamais employer pour le faire baisser de prix, et le maintenir toujours à un taux raisonnable; parce que le propriétaire ou le cultivateur n'ayant plus aucun intérêt à désirer l'augmentation du prix des grains, dont ils ne profiteroient plus, puisqu'ils payeroient une augmentation de contribution aussi forte que le bénéfice qu'ils y trouveroient, au-lieu de garder et renfermer les grains, comme ils font, pour en faire hausser le prix, n'auroient rien de plus pressé que de les vendre à fur et mesure qu'ils les feroient battre.

Voilà, Citoyens Représentans, le but d'où je suis parti, et le cannevas sur lequel j'ai formé le mémoire que je soumets à votre sagesse ; mais avant d'entrer dans aucun détail, je crois devoir prévenir tous ceux qui ont des intérêts opposés au bien général, que mon dessein, en y travaillant, est de ne blesser personne.

Si les grands propriétaires se trouvent lézés par mon projet, j'en suis fâché, mais cette considération ne peut m'arrêter, parce qu'elle est trop opposée au but que je me propose, qui est de faire le bien ; loin de chercher à augmenter la prévention que le peuple a contr'eux, je ferai au contraire tout ce que je pourrai pour la dissiper : je ne les accuse que des foiblesses de l'humanité, et nous n'en sommes pas plus exempts qu'eux ; si je m'élève dans ce moment contre leurs intérêts, c'est parce que mon silence seroit préjudiciable à ceux de ma patrie, qui me sont trop chers pour les négliger.

Le mal ou l'abus que j'attaque vient donc moins des grands propriétaires que de la faute qu'on a faite jusqu'à présent, d'asseoir la contribution fonciere de maniere qu'elle reste toujours au même taux, quoique les produits du fond, sur lequel elle est fixée, soient triplés de valeur. C'est donc ce systême d'imposition, qui fait seul notre mal, qu'il faut changer absolument; la nation épuisée le demande et l'attend avec autant d'impatience que de besoin.

Si l'agriculture, dans un pays agricol comme la France, doit être considérée comme la premiere richesse de l'état, il est certain qu'une juste et sage proportion, entre la contribution fonciere et le prix de ses productions, n'est pas moins intéressante, et qu'elle contribuera infiniment à la prospérité de la République: puisqu'il n'y a pas d'autre moyen pour maintenir l'équilibre, qu'il faut toujours conserver, entre l'une et l'autre, pour empêcher que l'intérêt personnel ne porte préjudice au bien général en faisant monter les choses de premiere nécessité à des prix excessifs où le peuple ne pourroit atteindre.

Je regarde même cette combinaison comme la plus riche et la meilleure ressource que l'état puisse jamais employer, non-seulement pour éviter les maux que la disette occasionne, mais encore pour remédier à ceux qu'elle a produit, même à la diminution des impôts que la misere du peuple et la suppression des abus ont nécessité. Je me rendrois donc coupable envers ma patrie si je lui laissois ignorer cette heureuse découverte, que je dois plutôt à la providence qu'à mes foibles connoissances, puisqu'elle peut lui procurer de très-grands avantages.

Le premier est la diminution du prix des grains.

Le deuxieme le résablissement de la paix et l'abondance.

Le troisieme une augmentation de plus de cent millions de revenu, au bénéfice du trésor public, sur le produit de la contribution fonciere, sans gêner le commerce et la circulation des grains dans l'intérieur, et sans nuire à l'agriculture.

Ne croyez pas, Citoyens Représentans, que ma plume, d'accord avec mon imagination, veuille vous éblouir par un tableau si séduisant de cette découverte ; non, je n'avance rien de trop en vous assurant qu'elle fera le bonheur de ma patrie, et que les avantages qu'elle y trouvera, loin d'être exagérés, lui en procureront encore bien d'autres que les bornes de ce mémoire, et l'empressement que j'ai de vous l'envoyer, ne me permettent pas de vous détailler. Ceci vous paroîtra peut-être une illusion, mais c'est une vérité que je vais démontrer avec tant d'évidence, que j'en convaincrai les plus incrédules.

Par quelle fatalité une ressource aussi précieuse a-t-elle donc été négligée jusqu'à présent ? comment a-t-elle pu échapper aux lumieres de ces utiles et respectables citoyens qui s'assemblent de concert dans toutes les parties de la République, pour consacrer leur vie et leurs talens au bonheur de la société ? c'est ce que je ne pourrois concevoir si je n'étois pas convaincu que parmi les meilleures découvertes, il y en a qui ont été faites par des hommes qui, comme moi, n'avoient pas assez de connoissances pour y prétendre ; ce qui prouve que le hazard y a quelquefois plus de part que la science, et qu'en cela, comme en bien d'autres choses, nous allons souvent chercher bien loin ce que nous avons fort près.

ARTICLE Ier.

Concernant le commerce et la circulation des grains.

Je conviens, Citoyens Représentans, que le commerce et la circulation des grains, dans l'intérieur, ne doivent rencontrer aucun obstacle, et qu'ils doivent au contraire jouir de toute la liberté et l'immunité dont ils ont besoin pour procurer ou maintenir l'uniformité de prix dans tous les départemens ; sans cela il y en auroit qui auroient du superflu, et d'autres qui mourroient de faim. Je conviens encore que dans des tems plus tranquilles le commerce et la circulation des grains pourroient en faire baisser le prix par la concurrence des vendeurs ; mais je vous avoue aussi que dans les tems de troubles et d'agitations où nous nous trouvons malheureusement, ce moyen seul n'est pas suffisant pour rétablir la paix et l'abondance. Il en faut donc un autre plus prompt et plus efficace, qui, sans gêner le premier, s'unisse au contraire à lui pour opérer ensemble ce salutaire effet; et c'est celui que mon projet vous présente.

Je suis donc bien éloigné de croire qu'il faut gêner le commerce et la circulation des grains, ni en taxer le prix; non, cela ne feroit qu'augmenter nos maux au-lieu de les guérir; ce n'est pas le grain qu'il faut taxer, c'est le bien, et il faut le taxer à proportion du prix du blé, et de maniere que les grands propriétaires en supportent seuls toute l'augmentation, par la raison qu'ils profitent seuls aussi de celle du prix des grains.

ARTICLE II.

Sur la nécessité de proportionner la contribution fonciere au prix du blé, de toutes les terres au-dessus de dix arpens.

L'agriculture étant celle de toutes les richesses de l'état qui a le plus profité au changement du gouvernement, par les avantages infinis qu'on lui a fait, en supprimant la dîme, les droits féodaux, et toutes les servitudes qui la gênoient, de même que par les bénéfices immenses qu'elle retire de l'augmentation du prix des grains, elle doit supporter la plus grande partie de la contribution fonciere, qui doit toujours être prise sur les produits nets, distraction faite de tous frais de culture.

Si la contribution fonciere pouvoit se lever en nature, comme la dîme, je crois que ce seroit la plus juste et la mieux proportionnée aux produits, mais comme elle exigeroit une régie, qui en absorberoit une partie, et qui éprouveroit une infinité d'obstacles, je pense que celle en argent est la seule praticable; il faut donc s'en tenir à cette derniere, et qu'elle soit assise sur

une

une base qui ne puisse lézer ni les intérêts du propriétaire, ni ceux du trésor public.

Or, quelle est cette base ? C'est sans contredit le prix des grains. Voilà la mesure la plus juste que vous puissiez adopter pour fixer chaque année la contribution fonciere. Il faut que cette mesure devienne en France ce que celle du débordement du Nil étoit en Egypte ; c'étoit par la hauteur de ses eaux qu'on jugeoit de la fertilité de l'année pour asseoir la contribution : il faut donc aussi nous servir du prix des grains pour fixer la nôtre chaque année, suivant le tarif ci-après, et que cette mesure devienne enfin, pour toute la France, le thermometre de la contribution.

Pour y parvenir, Citoyens Représentans, il ne s'agit que d'ordonner par un décret, que tant que le blé ne se vendra pas plus de huit livres le quintal, la contribution fonciere sera toujours fixée au cinquième du revenu net, ce qui fait quatre sols pour livre, mais que si le prix du blé excède huit livres le quintal, la contribution fonciere de toutes les terres labourables au-dessus de dix arpens, sera alors proportionnée au prix du blé d'après les hallages de Pâques et Saint-Martin de chaque année, c'est-à-dire que la contribution fonciere augmenteroit ou diminueroit d'un sol pour livre du revenu net par chaque vingt sols d'augmentation ou diminution sur le prix du blé, qui, par-là, deviendroit la balance ou mesure pour fixer chaque année la contribution fonciere, conformément au tarif ci-après; à l'exception seulement de toutes les propriétés au-dessous de dix arpens, qui resteront toujours fixées au cinquième du revenu net, et qu'on ne pourra augmenter dans aucun temps, et sous quelque prétexte que ce soit, qu'en vertu d'un décret de l'Assemblée Nationale, pourvu toutefois qu'elles n'appartiennent pas à des célibataires de l'un ou l'autre sexe, âgés de vingt-cinq ans, auquel cas elles seront aussi assujetties à l'augmentation de la contribution fonciere comme les grandes propriétés.

B

T A R I F qui doit servir de guide dans tous les départemens pour fixer chaque année la contribution fonciere de toutes
les terres labourables au-dessus de dix arpens, même celles au-
dessous quand elles appartiendront à des célibataires des deux
sexes, âgés de vingt-cinq ans, d'après le prix du blé, dans lequel
vous verrez que j'ai si bien observé la proportion qu'il doit
toujours y avoir entre l'un et l'autre, que la contribution fonciere monte exactement d'un sol pour livre dès que le blé augmente de vingt sous par quintal.

Prix du quintal de blé.	*Taxe de la contribution fonciere.*
A 8 liv. et au-dessous, .	4 sols pour liv. de revenu net.
9	5.
10	6.
11	7.
12	8.
13	9.
14	10.
15	11.
16	12.

Vous voyez, Citoyens Représentans, que ce plan ne gêneroit
aucunement le commerce et la circulation des grains, qu'il laisse
au propriétaire et au cultivateur la liberté d'en disposer à leur
gré ; et qu'en outre les avantages dont j'ai déja parlé, il produira encore celui de favoriser infiniment la petite culture,
qu'on ne sauroit trop encourager et multiplier, puisqu'elle est
beaucoup plus intéressante que la grande.

En effet, l'intérêt que les grands propriétaires trouveront à
diviser leurs terres, tant pour se soustraire à cette augmentation de contribution, que je fais tomber entièrement sur eux,
que pour se procurer un plus grand revenu, les engagera d'as-
censer les portions les moins productives et les plus éloignées à
des colons qui en feroient des établissemens pour eux et leur
famille, et qui procureroient un accroissement prodigieux de

produits de toutes espéces, et sur-tout d'hommes, qui est la plus grande richesse de l'état.

L'exécution de mon projet produiroit donc les effets, et tous les avantages d'une loi agraire, sans en commettre l'injustice, puisqu'elle obtiendroit volontairement la division, si désirable pour la société, des grandes propriétés, que l'autre n'obtient que par force ; la seule différence que j'y trouve c'est que cela sera un peu plus long, mais cet inconvénient n'empêchera pas mon projet d'avoir la préférence sur cette loi barbare que le droit sacré de la propriété doit toujours faire rejetter.

L'avantage de l'homme étant son guide et son aimant naturel, ne doutez pas, Citoyens Représentans, qu'il se portera toujours à faire ce qui le favorisera ; or, la petite culture étant plus ménagée, et payant moins que la grande, il est certain qu'il abandonnera cette dernière pour s'attacher à l'autre, et fera par-là, sans y être contraint, tout ce qu'on peut désirer de lui pour l'avantage de la société. Ainsi, soit qu'il ascense ou fasse faire des plantations des terres les plus éloignées, ou les plus médiocres, soit qu'il en fasse des prairies artificielles, tous ces changemens ne seront pas moins avantageux à la société qu'à lui.

La justice et la prospérité de la République exigent donc, Citoyens Représentans, si on ne veut pas se détruire de ses propres mains, que la petite culture soit plus ménagée que la grande, et que la contribution fonciere de cette derniere soit assise de manière qu'elle croisse ou décroisse proportionnément aux revenus nets des propriétaires ; et comme rien ne peut mieux les constater que le prix des grains, il faut absolument vous en servir pour le fixer.

Mais l'humanité et la raison demandent que celui qui n'en a que pour sa consommation soit traité avec plus de modération que celui qui en a de superflu ; il paroîtroit même juste que celui qui n'a que pour lui ne devroit rien payer, puisque si peu qu'il donne il est pris sur sa subsistance. Cependant comme chacun doit contribuer, selon ses facultés, aux besoins de l'état, c'est à vous, Citoyens Représentans, à peser et fixer dans votre sagesse la portion du pauvre, qui n'est en cela que le denier de la veuve, et celle du grand propriétaire qui profite seul, depuis trop long-temps, de l'augmentation du prix des grains.

La différence que je vous demande entre la contribution fonciere des riches et celle des pauvres, est d'autant plus juste que les petits propriétaires recoltent à peine de quoi suffire à leur consommation ; ils ne peuvent par conséquent profiter aucunement de l'augmentation du prix des grains; car s'il arrive qu'ils soient obligés d'en vendre pour payer leurs impôts, ou fournir aux besoins de leur famille, toujours plus nombreuse que celle des riches, ils se trouvent ensuite dans la nécessité d'en racheter, qui leur coûte ordinairement plus cher que celui qu'ils ont vendu.

Ainsi, dès que l'augmentation du prix des grains n'est avantageuse que pour ceux qui en recoltent ou reçoivent plus qu'ils n'en consomment, il est juste que leur contribution fonciere y soit toujours proportionnée, pour qu'ils payent à l'état en raison du bénéfice qu'ils en retirent, sans quoi il sera absolument impossible de les empêcher de favoriser le monopole et toutes les manœuvres qui accroissent leurs profits et la misère du peuple.

D'ailleurs il en résultera encore d'autres avantages, qui ne méritent pas moins toute votre attention, c'est le rétablissement de la paix et l'abondance, et l'accroissement de revenu pour le trésor public, dont il a tant besoin dans les circonstances où nous nous trouvons, pour remédier à tous nos maux. Ces derniers objets sont si intéressans, que quand même les autres motifs ne se réuniroient pas pour vous prouver la nécessité du changement que mon projet vous demande sur la taxe de la contribution fonciere, ils suffiroient seuls, Citoyens Représentans, pour vous décider à l'adopter le plutôt possible, afin de procurer à la Nation les avantages qui en résulteront; c'est ce que je vais vous démontrer avec tant d'évidence, dans l'article suivant, qu'il ne vous restera pas le moindre doute à ce sujet.

ARTICLE III.

Où l'on trouve la preuve et le détail des avantages que le trésor public trouvera dans le changement proposé sur la contribution fonciere proportionnément au prix des grains.

Maintenant que je crois vous avoir suffisamment démontré la nécessité de proportionner la contribution fonciere de toutes les terres au-dessus de dix arpens, au prix des grains, je vais vous présenter le tableau des ressources immenses que vous y trouverez pour le trésor public, et vous prouver aussi clairement que deux et deux font quatre, que bien loin d'avoir exagéré quand je les ai portées à plus de cent millions par an, je me suis, au contraire, tenu plutôt au-dessous qu'au-dessus du produit qui en résultera.

Les trois dépouillemens qui ont été faits du territoire de la France, pour les tailles, l'impôt territorial et les vingtiemes, portent les terres labourables en culture à soixante millions d'arpens, c'est ce qui est encore confirmé dans la théorie de l'impôt par Mirabeau, pag. 192, quand il n'y en auroit que le quart qui seroit susceptible de l'augmentation de contribution, puisque mon projet n'y assujettit que celles au-dessus de dix arpens, et celles au - dessous qui appartiendroient aux célibataires des deux sexes, âgés de vignt-cinq ans, il resteroit encore quinze millions d'arpens ; voyons par un exemple ce qu'ils pourront rapporter. Mais, pour vous donner connoissance du rapport de nos mesures avec les autres, je crois devoir vous prévenir que notre resal en froment pese ordinairement 180 liv. et que le jour de terre fait à peu près les deux cinquièmes de l'arpent.

Si le blé ne se vendoit, comme autrefois, que 12 liv. le resal, et l'avoine 6 livres, un gagnage de cent paires de resaux, composé je suppose de cinq cents jours de terre, qui font environ deux cents arpens, ne rapporteroit au propriétaire que 1800 livres : savoir, 1200 liv. pour les cent resaux de froment, et 600 liv. pour les cent resaux d'avoine ; sur quoi il payeroit à l'état 360 liv. pour sa contribution fonciere, à raison du cinquième du revenu net, partant il ne lui resteroit que 1440 liv. cela est incontestable.

Mais si le blé se vend, comme aujourd'hui, 30 liv. et l'avoine 15 livres, ce qui fait 45 liv. la paire ; ce gagnage alors rapporte 4500 livres ; sur quoi le propriétaire ne paye que 360 liv. pour la contribution fonciere, donc il lui reste de net 4140 livres ; ce qui lui fait 2700 liv. plus qu'il n'en retiroit quand le blé ne valoit que 12 liv. le resal, et l'avoine 6 liv. Voilà une vérité qui me force à croire que le propriétaire de ce gagnage n'est pas fâché de la misère publique.

Tandis que si la contribution fonciere étoit proportionnée au prix des grains, conformément à mon projet, ces 2700 liv. appartiendroient au trésor public, au lieu de 360 liv. qu'il a reçu, ce qui lui fait une perte de 2340 livres, dont le propriétaire profite seul aux dépens des malheureux peres de familles qui s'épuisent pour les lui fournir ; oui c'est vous qui gémissez dans la plus affreuse misère pour procurer ce profit excessif à celui qui n'en a pas besoin, Ah ! dignes et respectables Représentans, permettez que je m'arrête un moment sur les tristes réflexions que l'humanité me force de faire sur cet objet, et qu'après avoir essuyé les larmes qu'elles m'arrachent, je joigne mes prières et mes cris à ceux des pauvres citoyens pour vous demander le décret salutaire qui mettra fin à leurs maux, et que nous attendons de votre justice.

Continuons. Si cinq cents jours, qui font environ deux cents arpens, produisent 2340 liv. d'augmentation sur la contribution, ce qui fait 11 liv. 14 sols par arpent, voyons ce que quinze millions d'arpens, qui font le quart des soixante, rapporteront au trésor public à proportion, car il paroit que le grain a malheureusement éprouvé la même augmentation par-tout, et qu'il est même encore plus cher dans les Départemens du Midi. Ainsi multipliant quinze millions d'arpens par 11 liv. 14 sols , je trouve un produit de cent soixante - quinze millions cinq cent mille livres , c'est ce qu'on peut vérifier.

On m'objectera peut-être que toutes les terres ne sont pas aussi bonnes que celles du gagnage que je prends pour exemple, je réponds que s'il y en a de plus mauvaises , il y en a aussi de meilleures , puisque j'en mets 500 jours pour un gagnage de cent paires , au lieu de 300 qu'on met ordinairement ; ainsi compensation faite cela revient toujours au même.

Jugez par-là, Citoyens Représentans , de l'accroissement de revenu que le trésor public trouveroit dans le produit de la contribution foncière , si elle étoit proportionnée au prix des grains , et de la diminution que ce changement produiroit sur leur prix , aussi-tôt que les grands propriétaires n'auróient plus d'intérêt à en favoriser le monopole, puisqu'ils ne retireroient pas plus de leurs terres quand le blé se vendroit 24 liv. que s'il ne valoit que 12 livres , à cause de l'augmentation de contribution , qu'ils payeroient à proportion.

Ainsi vous voyez que quand vous n'exigeriez des propriétaires que la moitié du bénéfice qu'ils retirent de l'augmentation du prix des grains, vous y trouveriez encore près de cent millions par an ; mais cette modération seroit plus préjudiciable à la société qu'au trésor public , puisqu'elle seroit un obstacle à la diminution du prix des grains, qui est le seul moyen qui puisse nous rendre la paix et l'abondance.

En effet , si vous laissiez aux propriétaires la moitié du bénéfice que l'augmentation du prix des grains leur procure , ils seroient trop intéressés à en soutenir le prix actuel; il faut donc absolument , Citoyens Représentans , que le trésor public profite seul de toute l'augmentation , pour qu'il ne reste aux propriétaires aucun intérêt à désirer la cherté des grains ; ce sera , d'ailleurs pour l'état , une indemnité des dépenses ruineuses qu'elle lui occasionne sur les subsistances des troupes et les approvisionnemens publics , qui coûtent le double que si les grains étoient à leurs prix ordinaires.

ARTICLE IV.

Où je vais démontrer que le changement demandé sur la contribution fonciere ne nuira point à l'agriculture, et procurera à l'état des ressources immenses, qui le garantiront toujours de toute disette.

On m'objectera sans doute que l'exécution de mon projet, en faisant tomber les grains à bas prix, découragera l'agriculture et privera l'état d'une partie des richesses qu'il en retire ; je m'attends bien que voilà le grand cheval de bataille avec lequel l'intérêt personnel combattra mon projet ; aussi le rédacteur du Journal des frontières, n°. 33, pag. 267, a-t-il dit, à la suite de l'avis aux Français, que j'y ait fait insérer, moins pour annoncer ma découverte, que pour inviter à ne pas s'opposer à la circulation des grains, que si je pouvois parer à cet inconvénient, c'étoit la pierre philosophale que j'avois trouvée.

Pour lui prouver que je ne m'amuse pas à courir après des chimères, je vais répondre en peu de mots, à cette objection, mais d'une manière si claire et si avantageuse, qu'elle fournira un motif de plus pour presser l'exécution de mon projet, puisqu'elle offre une ressource immense à l'état, qui le garantira toujours de toutes disette. La voici.

Si les grains tombent à bas prix, le gouvernement fera acheter, dans tous les Départemens, ceux qui seroient superflus aux besoins du public, qu'on mettroit en magasin, et pour que ces achats n'occasionnent pas d'augmentation sur le prix, on se contenteroit, dans tous les marchés, de recevoir seulement ceux qui resteront deux heures après que le public auroit acheté sa provision ; ce qui maintiendra l'équilibre et une sage proportion entre le prix des grains et les dépenses de l'agriculture.

Si malgré cette précaution le prix des grains vient ensuite à augmenter dans quelques Départemens, soit par quelques accidens,

dens , sur les recoltes ou autres qu'on ne peut prévoir , alors les grains en magasin serviront à les soulager.

Si au contraire les grains continuoient à baisser , et qu'ils tombassent réellement à vil prix , ce qui ne peut arriver avec les précautions que j'indique , le gouvernement après avoir rempli ses magasins dans tous les Départemens , pour pourvoir aux besoins du public , en cas d'augmentation , enverroit le surplus à nos colonies , ce qui lui procureroit des ressources immenses pour le trésor public.

Ainsi vous voyez , Citoyens Représentans , que de quelque manière que les choses tournent , vous trouverez toujours , dans l'exécution de mon projet , une mine inépuisable de richesses pour la prospérité de la République , et que toutes les objections qu'on vous fera à ce sujet ne sont nullement fondées et tombent d'elles-mêmes , puisque vous tiendrez dans vos mains la balance qui peut maintenir l'équilibre entre les revenus des particuliers et ceux du trésor public.

On vous dira peut – être aussi , car il faut tout prévoir , que si la recolte est moins abondante , le cultivateur ne profitant plus de l'augmentation du prix des grains , loin d'avoir du bénéfice il seroit possible qu'il y eut de la perte ; mais je réponds que ces cas sont compensés par les recoltes abondantes , où le cultivateur ne paye pas davantage.

En effet, si le cultivateur , au lieu de mille resaux qu'il doit recolter , n'en a que cinq cents , si vous lui ôtez le bénéfice provenant de l'augmentation du prix des grains par une augmentation égale sur la contribution , il est certain qu'il sera privé cette année de la valeur des cinq cents resaux qu'il a recolté de moins , cela est incontestable ; mais si au lieu de mil resaux il en recolte quinze cents , il profite aussi de la valeur des cinq cents resaux qu'il a recolté de plus ; ainsi vous voyez que les recoltes abondantes compensent et indemnisent des médiocres , sans que le cultivateur puisse s'en plaindre , puisqu'il ne paye pas davantage quand il recolte plus que quand il recolte moins , ce qui prouve qu'en cela la contribution foncière

C

en argent est plus favorable à l'agriculture que la dîme, et qu'en
la proportionnant au prix des grains, vous ferez l'avantage
de la société et du trésor public.

Mais pour vous prouver que c'est moins dans l'abondance des
recoltes que dans l'augmention du prix des grains que les cultivateurs cherchent leur profit, il faut que je vous raporte l'erreur
où ils sont à cet égard, je ne dis pas tous, mais le plus grand
nombre ; elle est si opposée à leurs propres intérêts et au bien
public, que j'avois encore de la peine à la croire quand ils
m'en ont convaincu, en m'assurant que les recoltes médiocres
leurs procurent plus de bénéfice que les plus abondantes, et
que moins ils recoltent de grains, mieux ils les vendent. J'en
ai même vu de très-sensés me dire qu'ils aimoient mieux n'en
recolter que cent resaux et le vendre 24 livres, que d'en recolter
deux cents et ne le vendre que 12 liv.

Pour les désabuser de cette funeste erreur, je vais, par un
exemple, leur prouver le contraire de ce qu'ils pensent à ce
sujet.

Si dans une médiocre recolte le cultivateur n'a que cent paires,
ils faut en distraire les trois quarts pour les frais et la contribution , partant il ne lui reste que vingt-cinq paires de bénéfice;
au lieu que dans une année abondante, s'il en recolte deux cents
paires, les cent paires qu'il a d'excédent sont entièrement bénéfice , puisqu'il ne lui en coûte pas davantage pour les labours,
les engrais, les semences, la moisson et la contribution.

Ainsi, vous voyez qu'en joignant les vingt-cinq paires qu'il a
de reste du premier cent aux cent autres paires qu'il a d'excédent , cela lui en fait cent vingt-cinq de bénéfice, en outre ce
qu'il payera de moins sur sa contribution, et l'excédent de four-
rage que l'abondance lui procure, qui lui est presque aussi nécessaire que le grain , pour nourrir un plus grand nombre de
bestiaux, et lui fournir plus d'engrais pour améliorer et fruc-
tifier ses terres.

Voilà donc une preuve incontestable que l'abondance n'est pas
moins avantageuse aux cultivateurs qu'à la société, et qu'il est

très-intéressant de les en convaincre pour détruire l'erreur où ils sont de croire qu'ils ont plus de profit quand ils recoltent moins, que quand ils recoltent plus. Ainsi il n'est pas douteux que quand le cultivateur sera bien persuadé de cette vérité, et qu'il n'aura plus de profits à espérer de l'augmentation du prix des grains, il tournera alors tous ses regards vers l'amélioration de ses terres pour en tirer le plus possible.

Mais pour lui laisser tout entier ce motif d'émulation, qui s'accorde parfaitement avec le bien de la société et du trésor public, il faudroit, Citoyens Représentans, que le décret qui ordonnera de proportionner la contribution fonciere des grandes propriétés au prix des grains, porte en même-temps que l'estimation de ce que les terres peuvent en rapporter, ne se fera que tous les vingt ans, et qu'après cette estimation faite on se contentera de régler chaque année la contribution sur le prix des grains, suivant la quantité que chaque terre sera estimée en produire, afin d'engager davantage les cultivateurs à fertiliser et améliorer leurs terres, pour en tirer plus de produit qu'elles ne sont estimées en rapporter. Cette disposition sera d'autant plus sage qu'elle liera et enchaînera l'intérêt du cultivateur à celui de la société, au lieu que celui qu'il trouve sur l'augmentation du prix des grains lui est entièrement opposé.

On m'objectera peut-être encore que si le prix des grains vient à baisser, l'augmentation que je propose sur la contribution fonciere baissera à proportion et ne produira pas tant au trésor public que si les grains restoient au prix où ils sont, mais cette objection n'est d'aucune considération, car si la recette diminue sur cet objet, la dépense diminuera aussi à proportion sur le prix des subsistances des armées, et sur les dépenses ruineuses que la disette occasionne; ainsi quand cette diminution du prix des grains réduiroit les cent millions de revenu, que le trésor public trouvera de plus sur cet objet par l'augmentation de la contribution fonciere, à cinquante millions par an; s'il trouve une économie de pareille somme sur ses dépenses, cela revient au même, il se trouvera toujours un accroissement ue revenu de cent millions , en outre l'avantage d'avoir rétabli la paix et l'abondance.

Vous voyez donc , Citoyens Représentans , que l'intérêt de l'état et celui de la société nécessitent absolument ce changement dans la contribution fonciere , parce que ce sera toujours une barrière qui s'opposera à l'augmentation du prix des grains , qui ne recevra de mouvement que celui que le gouvernement jugera à propos de lui donner , ce qui assurera pour toujours le repos et la tranquillité publique , qu'on ne peut conserver sans cette sage précaution , puisqu'il est démontré que dans tous les temps cet objet a été la cause des troubles et agitations populaires.

Je vais plus loin , je soutiens même que quand l'augmentation de la contribution rapporteroit encore plus à l'état que ce que j'avance par mon projet , ce qui ne m'étonneroit pas , il ne devroit pas moins desirer la diminution du prix des grains parce que le plus grand bien qu'il puisse posséder , c'est le rétablissement de la paix et de l'abondance ; or, tant que les grains seront à haut prix il n'est pas possible de l'espérer : il faut donc travailler promptement à le faire baisser , et je ne crois pas qu'on puisse trouver un meilleur moyen pour y parvenir que mon projet , dans l'exécution duquel vous trouverez encore la diminution de l'émission du papier - monnoie , dont vous sentez la nécessité de ne pas trop augmenter le nombre.

ARTICLE V.

Sur l'exécution de ce projet, dont les moyens, aussi simples que faciles, ne coûteront pas un sol, et qui fourniront un excellent correctif aux erreurs qui pourroient se trouver dans les rôles de la contribution fonciere.

Actuellement que vous connoissez aussi bien que moi la nénessité de proportionner la contribution des grandes propriétés au prix des grains, il faut que je vous indique les moyens de le faire avec autant de promptitude que d'exactitude ; et j'espère que je ne serai pas moins heureux dans le choix, que le trésor public le sera dans l'exécution, puisque vous y trouverez le meilleur correctif que vous puissiez desirer pour remédier à toutes les erreurs ou fraudes qui auroient pu se commettre dans les rôles de répartition de cet impôt.

Pour asseoir cette augmentation de contribution , il faudra que la Convention Nationale envoye des Commissaires dans tous les Départemens , ou qu'elle charge les Corps Administratifs de cette besogne : mais dans l'un et l'autre cas, cette opération ne peut se faire avec exactitude qu'en présence des Officiers municipaux de chaque Communauté , qui ayant plus de connoissance de la valeur des terres de leur paroisse , faciliteront infiniment cette opération , qui est aussi simple que facile , puisquil ne s'agit que de faire l'estimation de ce que les terres sujettes à l'augmentation de la contribution fonciere , peuvent produire de net en grains ; laquelle estimation ne se renouvellera que tous les vingt ans , par les raisons qui sont dans l'article précédent ; à l'égard de celle des grains que chaque terre sera estimée produire de net au propriétaire , elle se fera tous les ans , pour fixer la contribution d'après les hallages de Pâques et Saint-Martin, sur quoi on distraira le revenu net que ce bien a été estimé dans les rôles de la contribution , l'excédent fera l'augmentation qu'il doit supporter.

E X E M P L E.

PIERRE possède une terre composée de cent jours de terre et trente fauchés de prés , qui est estimée rapporter de net en grains , quarante paires de resaux , c'est-à-dire quarante resaux de froment , et autant d'avoine ; si le resal de froment vaut 30 livres , cela fait , . . . , ... 1200 ^{tt}
Et l'avoine 15 livres , cy 600
<hr>
Total du produit net en grains , ... 1800
Si cette terre n'est estimée sur le rôle de la contribution que . . . . . , ... 1200
<hr>
Partant , elle doit être augmentée de 600 liv. provenant du prix des grains 600
<hr>

Mais si l'année suivante le grain est revenu à plus bas prix , elle sera diminuée à proportion.

A l'égard des terres qui sont louées ou acencées en grains , il n'y a pas d'estimation à en faire , parce que leur produit est constaté par le bail ou le contrat ; il ne s'agit uniquement que d'estimer le prix des grains , et voir à combien ce qu'elles en rapportent peut monter , sur quoi on distraira ce qu'elles ont été estimées dans le rôle , le surplus fera l'augmentation qu'elles doivent payer.

Il en sera de même pendant vingt ans de toutes les terres dont l'estimation aura été faite de ce qu'elles peuvent produire de net en grains , pour laisser au cultivateur le temps de recueillir le fruit et le bénéfice des améliorations qu'il y aura faites.

A U T R E E X E M P L E.

JEAN possède trente jours de terres et dix fauchées de prés , qui ont été estimées rapporter net quinze paires de resaux ; si le blé vaut 30 liv. et l'avoine 15 livres, cela fait 45 liv. la paire, ce qui fait pour les quinze la somme de . . . . . 675 #

Si elles ne sont estimées sur le rôle que . . . 500

Partant il doit payer d'augmentation la somme de . 175

Ces deux exemples suffiront pour vous faire voir que cette opération est aussi simple que facile, et que les estimations une fois faite de ce que les terres rapportent ou peuvent rapporter de net en grains, il ne s'agit plus que d'estimer les grains suivant les hallages de Pâques et Saint-Martin de l'année courante.

Vous voyez, Citoyens Représentans, que cette opération vous servira en même-temps de correctif aux erreurs ou fraudes qui pourroient se trouver dans les rôles de la contribution fonciere sur toutes les terres au-dessus de dix arpens, et même sur celles au-dessous quand elles appartiendront à des célibataires des deux sexes, âgés de vingt-cinq ans, qui y sont assujetties comme les grandes propriétés, par la raison que n'ayant qu'une bouche à satisfaire, ils n'ont pas autant de besoins que les peres de famille, et puis ce sera un motif de plus pour les engager à se marier et à procurer des Citoyens à l'état, dont il a plus besoin que jamais ; la seule exception que je voudrois qu'on fit des célibataires, dont les biens sont sujets à l'augmentation de contribution, ce seroit en faveur de ceux qui sont au service de la Nation, ou qui en sont revenus à cause des blessures qu'ils y ont reçu ; je désirerois même que ces derniers fussent tout à fait exempts des impositions ordinaires, tant qu'ils n'auroient pas plus de dix jours de terre.

Ainsi soit que le propriétaire cultive par lui-même, ou fasse cultiver pour son compte, soit qu'il ait acensé ses terres pour un tems déterminé, ou à perpétuité ; dans tous ces cas l'augmentation de la contribution fonciere sera à sa charge, s'il est payé de ses fermages et rentes en grains ; mais s'il est payé en argent, elle sera alors à la charge des fermiers et censitaires, parce qu'il est juste que celui qui profite de l'augmentation du prix des grains, soit chargé aussi de celle de la contribution fonciere.

(24)

Voila, Citoyens Représentans, tout ce que je peux vous dire dans ce moment sur cet objet, c'est à vous maintenant et à tous ceux qui désirent de contribuer au bonheur de la République, à développer et perfectionner ce que mon imagination et ma plume n'ont fait qu'ébaucher ; je suis donc bien éloigné de croire que je vous ai fait voir tous les avantages que la société et le trésor public trouveront dans l'exécution de mon projet ; non, je pense au contraire qu'il en résultera encore bien d'autres, que vos lumieres découvriront mieux que moi, je ne suis donc, dans cette heureuse découverte, que l'indicateur d'un trésor. C'est à vous de le faire fouiller, et d'en tirer toutes les richesses qu'il renferme.

Pour me résumer, j'ai toujours la satisfaction de pouvoir vous assurer que mon projet, comme je vous l'ai annoncé, produira non-seulement la diminution du prix des grains, et le rétablissement de la paix et l'abondance dans toute la France, mais aussi un accroissement de revenu de plus de cent millions, au bénéfice du trésor public, et une grande diminution sur les dépenses que la disette lui occasionne pour approvisionner l'état et les armées.

Malgré tous ces avantages, qui parroissent incontestables, et qui feroient le bonheur de ma patrie, je n'ose encore me flatter qu'il sera suivi ; je m'attends, au contraire, à une terrible opposition de la part des grands propriétaires, qui sous différens prétextes, feront tous leurs efforts pour en empêcher l'exécution ; au fond ce ne sera que l'intérêt personnel contre l'intérêt public ; mais n'a-t-il pas prévalu jusqu'à ce jour sur cet objet, puisque depuis plusieurs années ils n'ont pas cessé de s'engraisser aux dépens du peuple, et de l'état, par les bénéfices immenses qu'ils retirent de l'excessive augmentation du prix des grains.

Oui, dignes et respectables Citoyens Représentans, c'est l'intérêt personnel, c'est cette hydre au sept têtes que votre sagesse et votre courage ont terrassé tant de fois, que vous avez encore à combattre aujourd'hui ; oui c'est ce monstre qui est la cause de tous nos maux, qui va lutter contre vous ; il sera, je vous en préviens, d'autant plus acharné sur cet objet, qu'il sait que c'est la seule ressource qui lui reste pour agiter le peuple, et l'empêcher de jouir en paix du fruit de vos bienfaits, il sait que s'il ne réussit pas, il faut qu'il rentre honteusement dans son antre pour n'en plus sortir.

Vous savez, Citoyens Représentans, comme il possede l'art de dissimuler et de se déguiser, semblable à l'hypocrisie, qui se couvre du manteau de la vertu pour cacher ses vices, de même l'intérêt personnel emprunte également celui du bien général pour masquer les siens; vous le verrez, dis-je, se servir du prétexte que l'intérêt de l'agriculture et le bien public souffriroient du changement proposé sur la contribution fonciere, tandis que ce sont eux qui le sollicitent et qui sont les plus intéressés à l'obtenir.

Oui, vous le verrez faire tous ses efforts pour empêcher l'exécution de mon projet; mais ils seront inutiles, vous êtes trop éclairés, et vous avez toujours défendu les intérêts des peuples avec trop de courage et de fermeté pour les abandonner dans cette cause qui les touche de si près, et qui intéresse autant le bonheur de la société. Il faut donc, dignes et respectables Citoyens, que vous enchaîniez cet ennemi du bien public, comme un enragé, pour l'empêcher de nous dévorer; oui, il faut le museler et le contenir pour nous garantir de sa voracité, et le meilleur moyen que vous puissiez jamais employer pour cela, c'est l'exécution de mon projet.

Je conviens cependant, pour rendre justice à la vérité, qu'il y a parmi les grands propriétaires de belles ames, que l'intérêt personnel n'a jamais souillé, et s'il étoit nécessaire d'en fournir des exemples, je ne serois embarrassé que sur le choix; mais malheureusement pour l'humanité, ce n'est pas le plus grand nombre; l'expérience nous apprend tous les jours qu'en patriotisme, comme en religion, il y a bien des hypocrites; pour les connoître, je ne vous dirai pas comme les prêtres, de croire ce qu'ils disent, sans examiner ce qu'ils font; non, je pense au contraire, qu'il faut les juger sur ce qu'ils font, et non sur ce qu'ils disent.

Je prévois que mon projet pourroit bien en démasquer plusieurs, lorsqu'il sera discuté, car tel a montré beaucoup de patriotisme quand il a été question de supprimer des abus dont il ne profitoit pas, qui se montrera peut-être bien différent quand il faudra prononcer sur celui qui fait son avantage ; parce que l'intérêt personnel est le premier moteur du cœur de l'homme, c'est lui qui nous apprend à les connoître ; il est à son égard ce que la pierre de touche est pour les métaux. Mais quelque résistance que cet ennemi juré du bien public puisse faire à l'exécution de mon projet, je suis, comme toute la nation, trop convaincu du désintéressement et du dévouement du plus grand nombre de nos Représentans, pour douter de leur empressement à prononcer le décret qui en ordonnera l'exécution ; la France l'attend avec une impatience égale au besoin qu'elle en a, et il en est d'autant plus urgent que je ne crains pas de vous dire que le salut de la République en dépend.

Pour vous en convaincre, Citoyens Représentans, j'aurois sans doute mieux fait d'en confier le soin à une plume plus versée dans l'usage d'écrire sur ces matieres ; mais j'ai pensé, en comptant sur votre indulgence, que la mienne suffiroit pour vous indiquer les avantages infinis que vous trouverez dans le changement que je vous propose sur la contribution fonciere, dont vos lumieres vous feront beaucoup mieux sentir la nécessité que tout ce que je pourrois vous dire sur cet objet ; je ne m'étendrai donc pas d'avantage ; je me bornerai seulement à vous assurer que la seule chose qui me reste à désirer, c'est d'en voir bientôt l'exécution, car voici ma devise :

Le bonheur de la France
Est ma seule espérance.

Je suis avec une respectueuse soumission,

CITOYENS REPRÉSENTANS,

Votre très-humble et très-dévoué Citoyen, Jean - François LEFEVRE, *ville-vieille, place de la Liberté, à Nancy.*

Ce 22 *Janvier* 1793, *l'an* 2ᵉ. *de la République française.*

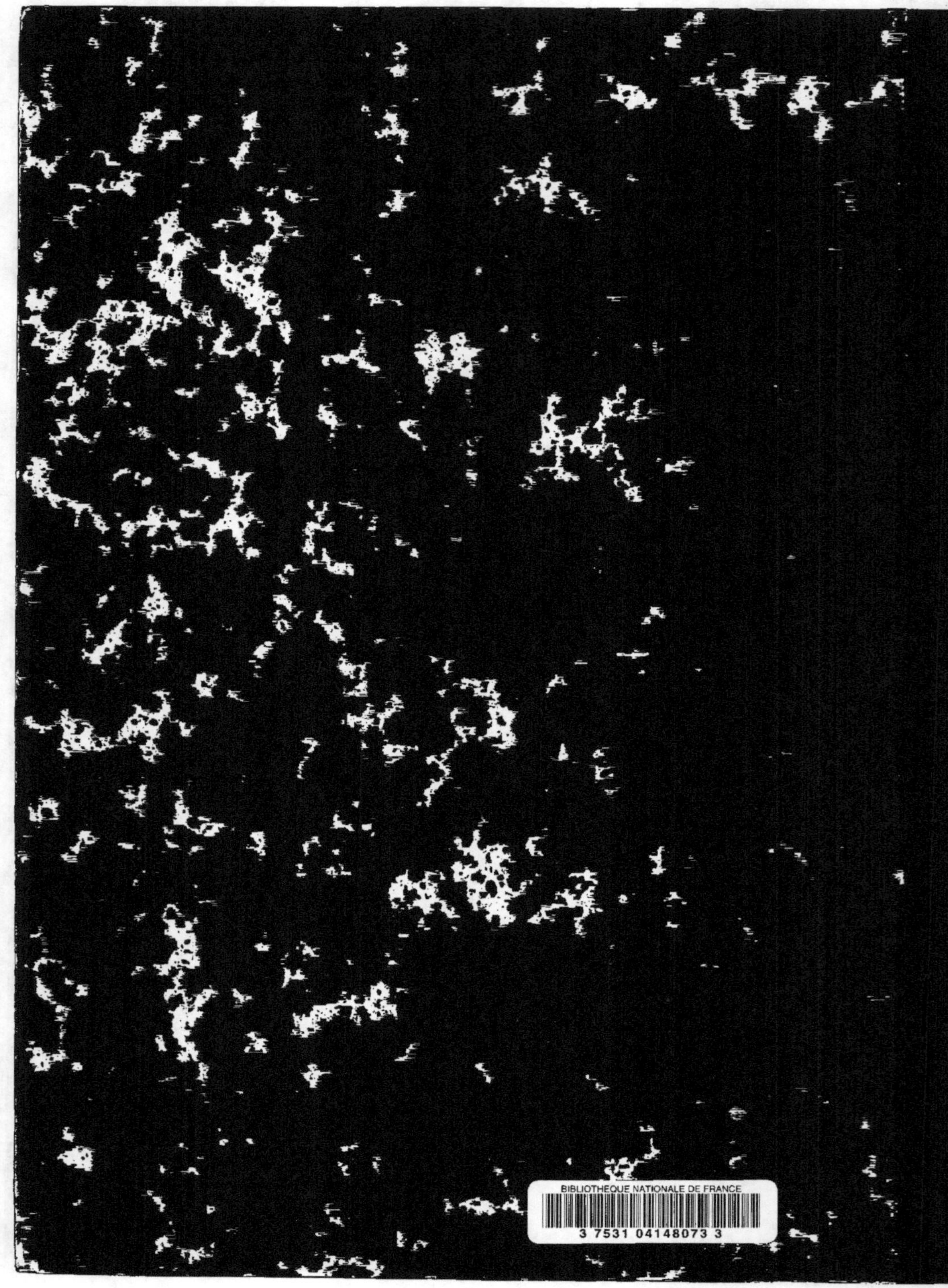

www.ingramcontent.com/pod-product-compliance
Lightning Source LLC
Chambersburg PA
CBHW061355050726
47595CB00005B/2254